# 하나님이 우리와 함께 하세요

글 : 박영득

말씀과만남

 글 · **박영득** 목사

박영득 목사는 서울 장신대와
장로회신학대학원을 거쳐 미국 캘리포니아
신학대학원에서 문학 석사와 목회학 박사 학위를
취득하였습니다.
서울 장신대학과 여러 신학교에서 강의,
굿뉴스 성경 연구 프로그램을 목회자들과 함께 나누고 있으며
1990년 큰빛교회를 개척하여 지금까지 성도들을 섬기고 있습니다.

재미있는 52주 어린이 성경공부
구약이야기-❸

# 하나님이 우리와 함께 하세요

2005년 3월 1일 초판 1쇄 발행

펴낸이 · 최헌근
펴낸곳 · 말씀과 만남
디자인 · 김응남
등록번호 · 제20-444호
등록 일자 · 1991년 6월 19일

주소 · 138-220 서울특별시 송파구 잠실동 339-3
전화 · (031)594-6327, Fax.(031)594-6328
전자우편 · mmpress@hanmail.net

ISBN 89-7508-105-2
　　　89-7508-102-8　(전 8권)

정가 · 3,000원

잘못된 책은 바꾸어 드립니다.

# 차례

# 이 책으로 공부하는 어린이에게

어린이 여러분!

성경을 공부하는 일이 얼마나 재미있는지 아세요?

성경은 이 세상에서 가장 귀중한 책이랍니다.

성경을 공부하면 하나님을 알게되지요.

하나님은 여러분이 하나님에 대하여 잘 알기를 원하셔요.

그러면 여러분과 늘 함께 계실 수 있으니까요.

여러분이 이 책을 공부하는 동안 하나님께서 많은
지혜와 복을 주실 거예요.

# 이 책으로 이렇게 공부해 보세요.

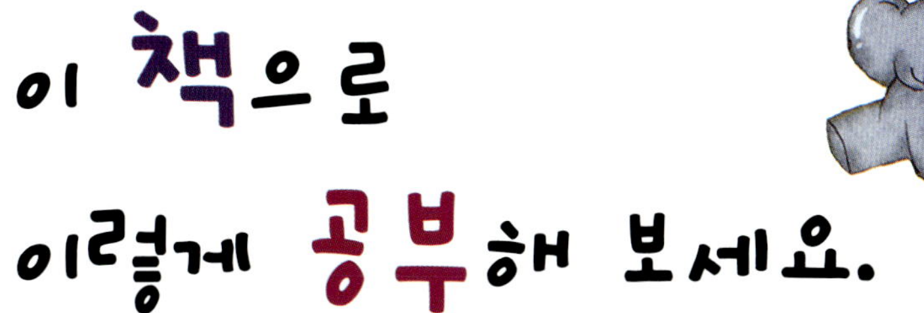

첫째,　본문 말씀을 성경에서 찾아 큰 소리로 읽어보세요.

　　　중요한 말씀은 줄을 치면서 읽으세요.

둘째,　공과 공부 내용을 자세히 읽으세요. 그러면 성경에 쓰인 글이

　　　재미있는 이야기로 바뀐 답니다.

셋째,　공과 공부 내용을 생각하면서 예쁜 그림을 보세요.

넷째,　그림을 보고 그림의 내용을 다른 사람에게 이야기 해 보세요.

다섯째, '함께 공부해요'문제를 풀어 보세요.

　　　그러면 중요한 의미를 깨닫게 된답니다.

여섯째, 함께 이야기 할 부분을 잘 기록해서 주일날 선생님과

　　　친구들과 이야기해 보세요.

　　　자기의 생각을 마음속으로 잘 정리해서 분명한 발음으로 이야기해 보세요.

　　　조금도 두려워할 필요가 없습니다.

　　　또한 남의 이야기를 들을 때는 조용히 주의 깊게 들으세요.

　　　나의 생각과 어떻게 다른지를 살피면 많은 도움이 된답니다.

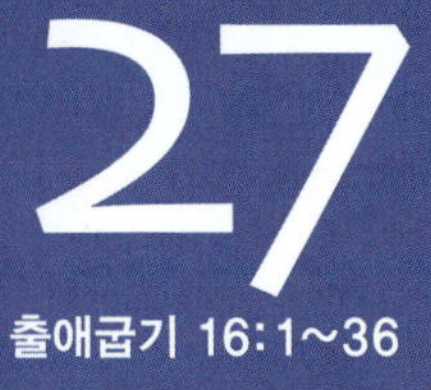

# 광야의 신기한 음식

하나님께서 행하신 놀라운 일을 본 이스라엘 사람들의 감격은 대단했습니다. 그러나 얼마 지나지 않아 사막 여행의 고통에 싫증이 난 그들은, 애굽에서 당하던 고통을 잊고 모세에게 불평하기 시작했습니다.

"당신은 왜 우리를 여기까지 데려와 고생시킵니까? 애굽에서는 원하는 음식을 모두 먹을 수 있었는데, 이제는 굶어 죽게 되었습니다. 이 모두가 당신 책임입니다!"

하나님께서는 그들의 불평을 들으시고, 백성들이 먹을 양식으로 저녁에는 고기를, 아침에는 떡을 내려 주시겠다고 모세에게 말씀하셨습니다. 하나님께서는 약속한 대로 그 날 저녁 해질 무렵에, 메추라기라는 많은 새들을 땅 위에 내려앉게 하셨습니다. 사람들은 막대기로 새를 잡아 맛있게 저녁식사를 만들어 먹었습니다.

다음 날 아침에는 땅 위에 이슬이 맺혔는데, 이슬이 마른 후에 보니 하얗고 납작한 것들이 땅 위에 흩어져 있었습니다. 모세가 말했습니다. "이것은 하나님께서 주시는 음식입니다. 하나님께서는 이 음식을 먹고 남겨 두지 말라고 하셨습니다!" 사람들은 모세가 가르쳐 준 대로 그 날 먹을 만큼의 식량만 가지고 갔습니다. 어떤 사람들은 욕심을 부려 더 많이 가지고 갔지만 남은 음식은 모두 썩어 버리고 말았습니다.

그러나 매 주 일곱 번째 되는 날은 그렇지 않았어요. 그 날은 하나님께서 일하지 말라고 하신 안식일이었는데, 그 날에는 땅 위에서 만나와 메추라기를 볼 수 없었습니다. 그래서 안식일 전날에는 다른 날의 두 배를 거두어 들여도 음식이 썩지 않았어요. 이것은 이스라엘 백성에게 안식일을 거룩히 지키게 하시기 위한 하나님의 특별하신 선물이었습니다.

어떤 사람들은 안식일 날에 먹을 것을 거두러 나갔다가 얻지 못하고 빈손으로 돌아왔습니다. 이스라엘 사람들은 이것을 '만나'라고 불렀어요. 만나는 그들의 말로 "이것이 무엇이냐"라는 뜻인데, 마치 꿀로 만든 과자 같았습니다.

하나님께서는 이스라엘 백성들이 광야를 지나는 40년 동안, 이 맛있는 떡과 고기를 하늘에서 내려 주셨습니다.

**외울 말씀 :** "내가 너희를 위하여 하늘에서 양식을 비같이 내리리니"(출 16:4)

1. 이스라엘 백성들은 왜 불평을 했나요? (                )

2. 저녁에 이스라엘 백성들에게 주신 것이 무엇인가요? (                )

3. 아침에 이스라엘 백성들에게 주신 음식이 무엇인가요? (                )

4. 왜 안식일(주일)에는 일하지 말라고 하셨을까요? (                )



1. 여러분은 주로 어떠할 때 불평을 하나요?

2. 하나님은 약속을 꼭 지키십니다. 혹시 여러분이 하나님과 약속하고 지키지 않은 것들
   이 있으면 말해 보세요.

# 아말렉과의 싸움

어느 날, 아말렉 사람들이 이스라엘 백성에게 쳐들어 왔습니다. 모세는 여호수아라는 청년을 불러 병사들을 뽑아 아말렉 사람들과 싸우라고 명령했습니다. 그러나 적들은 용맹스러운 산적들이었고, 이스라엘 사람들은 사막길에 지친 상태였습니다.

모세는 아론과 훌을 데리고 기도하기 위해 산 위에 올라갔습니다. 아론은 모세의 형이고, 훌은 모세의 처남입니다.

모세가 기도하려고 손을 들고 있을 때는 이스라엘 사람이 아말렉 사람을 물리쳐 이겼습니다. 그러나 모세가 손을 내리면 아말렉 사람이 이스라엘 사람보다 강해지는 것이었습니다. 모세는 언제까지나 손에 지팡이를 들고 있으려 했으나, 아무리 애써도 피곤해서 도저히 손을 올리고 있을 수가 없었습니다. 이것을 본 아론과 훌은 큰 돌을 찾아 모세를 앉게 했습니다. 그리고 아론은 모세의 오른손을, 훌은 모세의 왼손을 받쳐 들었습니다.

아론과 훌은 해가 질 때까지 모세의 손을 받쳐 들고 있었습니다. 물론 그러는 동안, 여호수아는 계속 아말렉 사람들은 이기고 있었

습니다. "아니, 이게 어찌된 일이냐? 우리는 지금까지 누구와 싸워도 져본 일이 없지 않은가 말이다!"

"대장님, 도저히 안되겠습니다. 훈련도 받지 않은 여행자들인 저들이 이렇게 강할 줄은 몰랐습니다. 아무래도 저들의 신이 돕는 것 같습니다." 아말렉 사람들은 더 이상 쳐들어오지 못했습니다. 그들은 서서히 물러가기 시작했습니다. 날이 저물자, 그들은 혼란에 빠졌습니다. 그들이 약해졌을 때, 이스라엘 사람들은 더욱 힘을 얻었습니다. 그리하여 칼을 들고 아말렉 사람들을 뒤쫓아 갔습니다. 아말렉 군대는 크게 패하여 도망갔습니다.

이스라엘 백성이 승리하는 것을 보자, 드디어 모세는 피곤한 팔을 내리고 하나님께 감사의 기도를 드렸습니다. 이제 이스라엘 백성은 르비딤에서 원수들의 방해를 받지 않고 계속해서 전진할 수 있었습니다.

그들은 하나님의 사랑 받는 백성이었습니다. 그래서 하나님께서는 그들을 이기게 하셨던 것입니다.

외울 말씀 : "모세가 손을 들면 이스라엘이 이기고 손을 내리면 아말렉이 이기더니"(출 17:11)

1. 누가 이스라엘 백성들을 쳐들어 왔나요? (                )

2. 모세가 손을 들면 누가 이겼나요? (              )

3. 모세가 손을 내리면 누가 이겼나요? (              )

4. (              )은 모세의 오른손을, (              )은 모세의 왼손을 받쳐 들었습니다 .

1. 우리에게 어려운 일이 있으면 어떻게 해야 될까요?

2. 아론과 훌은 모세를 잘 도와주었어요. 여러분은 누구를 도와주어야 할지에 대해 말해 보세요?

# 금송아지를 만든 사람들

모세는 하나님의 말씀을 듣기 위하여, 하나님의 명령을 따라 시내 산으로 올라 갔습니다. 하나님께서 모세에게 나타나셔서 오랫동안 말씀하셨습니다. 하나님께서는 이스라엘 백성들이 지켜야 할 여러 가지 계명들을 주셨습니다.

모세가 하나님께 여러 가지 계명들을 받고 있는 동안, 이스라엘 백성들은 산 아래에서 모세를 기다리고 있었습니다. 그러나 모세가 빨리 내려오지 않자, 그들은 아론에게 몰려와 아우성을 쳤습니다.

"모세가 어떻게 되었는지 알 수가 없소! 우리가 여기서 무슨 일을 당할지 모르니, 여행을 계속할 수 있도록 우리를 도와줄 신을 만들어 주시오!"하고 요구했습니다.

아론은 겁이 났습니다. 그들이 당장이라도 자기를 죽일 것만 같았습니다. 그래서 그는 그들에게 말했습니다.

"너희 아내와 너희 아들 딸의 금귀고리를 모두 떼어서 나에게로 가져오너라." 그러자, 이스라엘 백성들은 자기 귀에 달려 있는 금귀고리를 떼어 아론에게로 가져 왔습니다. 아론은 그것을 녹여 금송아지를 만들었습니다. 사람들은 하나님도 모세도 잊었습니다. 그들은 아론이 만든 금송아지에게 절하면서, 자기들을 애굽 땅에서 구해준 하나님이라고 불렀습니다. 그리고 그 앞에 제단을 쌓고 제사를 드렸습니다. 그들은 큰 잔치를 베풀고 술이 취해서 송아지 주위를 돌면서 춤을 추었습니다.

산 위에 있는 모세는 백성들이 무슨 짓을 하는지 알 수 없었지만, 하나님은 다 알고 계셨습니다.

"모세야, 빨리 내려가거라. 백성들이 악한 짓을 하고 있다." 모세는 두 개의 돌 판에 새긴 십계명을 들고 산에서 내려 왔습니다.

그런데 이게 웬일입니까? 사람들이 금송아지를 만들어 놓고 춤추며 즐기고 있었습니다. 모세는 너무나 화가 나서 십계명이 새겨진 두 돌 판을 던져 산산조각을 내버렸습니다. 모세는 금송아지를 갈아서 물에 타서 그것을 백성들에게 먹게 했습니다.

그리고 레위 지파 사람들을 시켜 범죄 한 사람들은 가려내어 죽이도록 했는데 이로 인해 3,000명 가량이 죽었습니다.

외울 말씀 : "누구든지 여호와의 편에 있는 자는 내게로 나아오라."(출 32:26)

## 함께 공부해요

1.  모세는 하나님의 말씀을 듣기 위해서 어디로 올라갔나요? (                    )

2.  모세가 산에서 내려오지 않자, 이스라엘 백성들은 무엇을 만들었나요? (                    )

3.  모세는 화가 나서 십계명이 새겨진 (                )을 던졌습니다.

4.  모세는 금송아지 우상을 갈아 (                )에 타서 백성에게 먹였습니다.


## 함께 이야기해요

1.  하나님께서 싫어하시는 것들에 대해 말해 보세요.

2.  다른 신을 섬기는 친구들을 어떻게 전도할 수 있을까요?

# 역 두 명의 정탐꾼

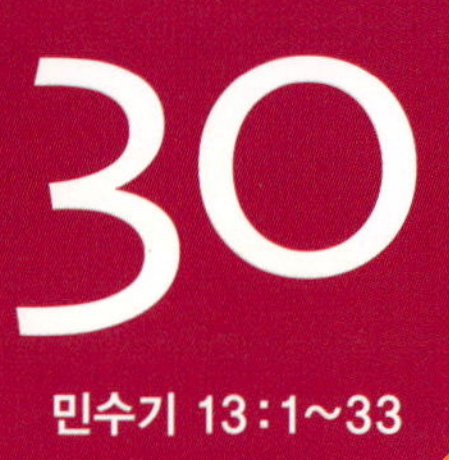

**이**제 이스라엘 백성들은 가나안 땅 가까이에 왔습니다. 저 멀리 보이는 가나안 땅이 그림처럼 아름답게 보였습니다. 그러나 이스라엘 사람들은 그 곳 사정이 매우 궁금했습니다.

"얼마만큼 힘이 센 사람들이 살고 있을까? 참으로 우리가 생각하는 것만큼 아름다운 곳일까?" 그래서 모세는 가장 용감한 사람 열둘을 뽑아서 미리 가나안 땅으로 보내, 그 곳의 상황을 살펴보고 오도록 했습니다. 그들은 40일 동안 가나안 땅을 살펴보고 돌아와서 보고를 했습니다. 먼저 열 명의 정탐꾼들이 보고를 했습니다.

"그 땅은 매우 아름다운 땅이며, 그 땅에는 좋은 과일들이 많이 있습니다. 그러나 그 곳 사람들은 거인과 같이 강합니다. 그리고 그들의 성은 높은 담으로 둘러싸여 있습니다. 우리가 그들을 쫓아낸다는 것은 어림도 없는 일입니다. 가나안 사람과 비교하면 우리는 마치 메뚜기 같습니다"라고 말하며, 가나안에 들어가지 말자고 했습니다.

이 말을 들은 백성들은 밤새도록 울부짖으며 모세와 아론을 원망했습니다. 그러나 두 명의 정탐꾼인 여호수아와 갈렙은 말하길, "그러나 두려워할 필요가 없습니다. 하나님께서 도우실 터이니 우리는 충분히 그들을 이길 수 있습니다"라고 보고를 했습니다. 여호수아와 갈렙은 하나님의 약속을 굳게 믿었던 것입니다. 그래도 이스라엘 백성들은 열 정탐꾼의 말만 듣고 여호수아와 갈렙의 말은 듣지 않았습니다. 그리고 모세를 원망했습니다.

모세와 아론은 매우 괴로웠습니다. 믿음이 좋은 여호수아와 갈렙도 마찬가지였습니다.

여호수아와 갈렙이 백성들에게 하나님만 의지하라고 설득하자, 백성들은 오히려 그들을 죽이려고 했습니다. 이스라엘 백성들은 하나님의 약속을 믿지 않았기 때문에, 가나안 땅을 앞에 두고도 들어가지 못하고, 광야에서 40년 동안 고생만 하다가 결국 다 죽고, 그들의 후손들만이 하나님이 약속하신 가나안 땅에 들어갈 수 있었습니다.

하나님의 약속을 믿고 따르는 것이 '믿음' 입니다. 우리는 이 믿음으로 하나님 나라에 가는 것입니다.

**외울 말씀 :** "우리가 곧 올라가서 그 땅을 취하자 능히 이기리라"(민 13:30)

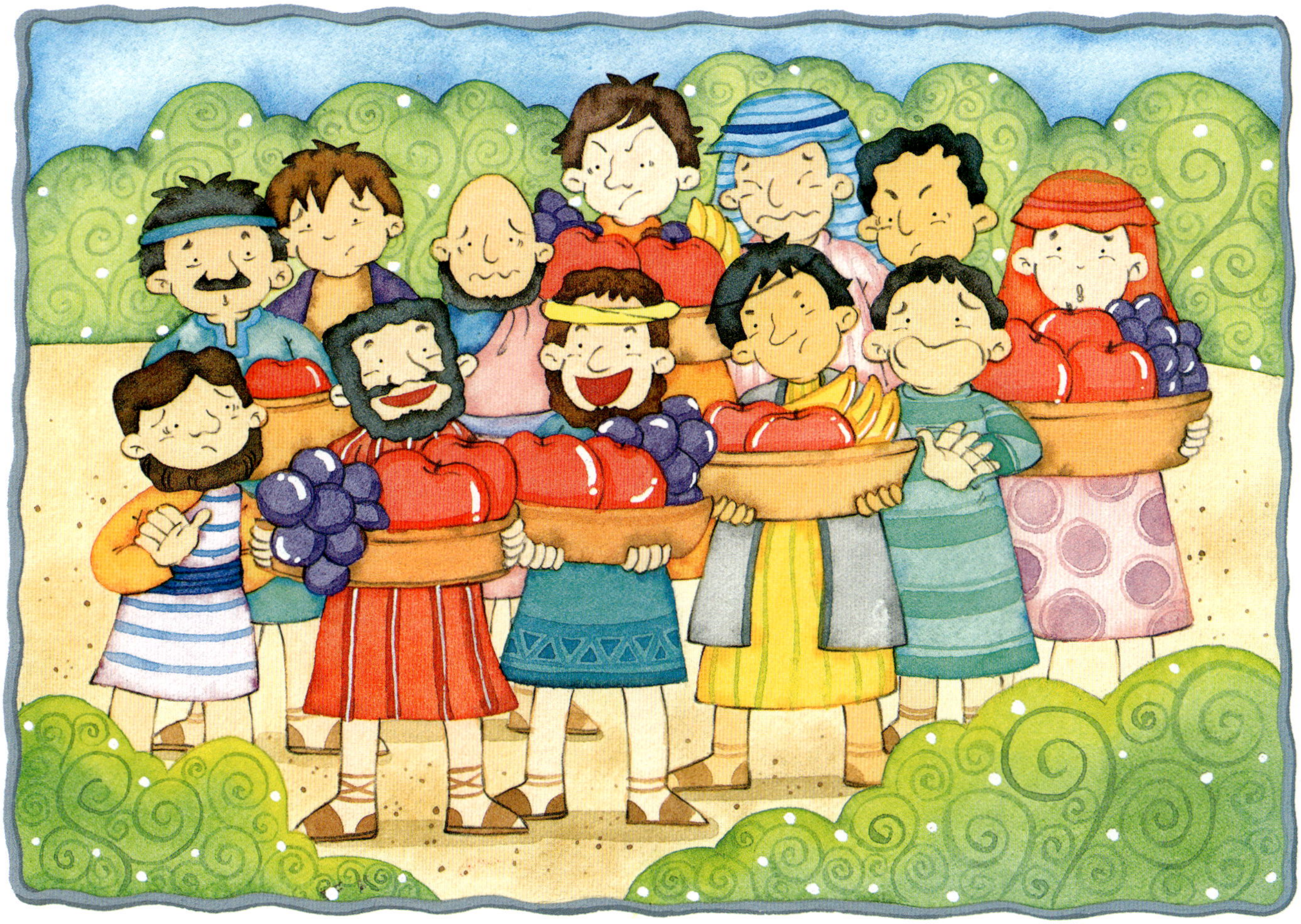

1. 모세는 몇 사람의 정탐꾼을 가나안 땅에 보냈나요? (　　　　　　)

2. 가나안 땅에 들어갈 수 있다고 말한 정탐꾼은 (　　　　　　)와 (　　　　　　)입니다.

3. 이스라엘 백성은 하나님의 (　　　　　　)을 믿지 않았기 때문에 (　　　　　　)년 동안 광야에서 고생만 하다가 죽었습니다.

4. '믿음'이란 하나님의 (　　　　　　)을 믿고 따르는 것입니다.

1. 여러분이 어려울 때 하나님께서 도와 주신 경험을 말해 보세요.

2. 하나님께서는 우리들에게 어떤 것들은 약속해 주셨는지 생각나는 대로 이야기 해 보세요.

13

# "구리 뱀을 쳐다보라!"

이스라엘 백성은 하나님께서 약속하신 땅에 들어가지 못하고, 아직도 광야에서 방황하고 있었습니다. 그들은 또다시 모세에게 불평했습니다.

"어쩌자고 우리를 애굽에서 데리고 왔습니까? 우리를 이 광야에서 죽이려고 하십니까? 이제 우리는 하나님께서 내려 주시는 이 만나에도 싫증이 났습니다." 그러자, 하나님께서는 불평하는 이스라엘 백성들에게 불 뱀을 보내셨습니다. 이 뱀들은 사막에 사는, 강한 독을 지니고 있는 아주 무서운 독사입니다. 백성들이 도망치려 해도 소용이 없었습니다. 장막 안에까지 온통 불 뱀으로 가득 찼습니다. 많은 사람이 뱀에 물려 다치기도 하고 죽기도 하자, 백성들은 모세에게 달려갔습니다.

"저희들이 불평한 것을 용서하여 주십시오. 그리고 제발 하나님께 간구하여 뱀들을 없애 주십시오."

모세는 백성들이 불 뱀에 물려 고통당하는 모습을 보고 하나님께 엎드려 기도를 드렸습니다. 하나님께서는 모세의 기도를 들으시고 말씀하셨습니다.

"구리로 뱀을 만들어 모두가 볼 수 있게 장대에 매달아 두어라. 뱀에 물린 사람이라도 내 약속을 믿고 그 구리 뱀을 쳐다보면 죽지 않을 것이다."

그래서 모세는 구리 뱀을 만들어 백성들이 볼 수 있도록 높은 장대에 걸어 놓았습니다.

"불 뱀에 물린 사람들은 누구나 여기 구리 뱀을 쳐다보아라!"

모세가 백성을 향해 외쳤습니다. 뱀에 물려 독이 몸속에 퍼진 사람이 구리 뱀을 보자, 깨끗이 나았습니다. 그러나 하나님의 말씀대로 하지 않은 사람은 다 죽고 말았습니다.

이 구리 뱀은 장차 하나님께서 어떻게 죄인들을 구원하실 지에 대한 약속을 나타내 보여 주신 것입니다. 이 구리 뱀은 우리 모두의 죄를 씻어 주시려고 십자가에 못 박혀 돌아가신 예수님의 모습을 미리 보여 주시는 것이었습니다.

구리 뱀을 쳐다보았을 때, 뱀에 물려 죽게 되었던 사람이 살아났던 것처럼, 지은 죄로 인해 형벌 받을 사람이 예수님을 믿으면 죽지 않고 영원한 천국에 갈 수 있는 것입니다.

**외울 말씀 :** "뱀에게 물린 자마다 놋 뱀을 쳐다본즉 살더라."(민 21 : 9)

## 함께 공부해요

1. 불평하는 이스라엘 백성에게 하나님께서 무엇을 보내셨나요? (　　　　　　)

2. 불 뱀에 물린 사람들이 구리 뱀을 쳐다봄으로 살 수 있었던 것은 누구의 약속을 따른 것입니까? (　　　　　　)

3. 구리 뱀은 우리의 죄를 씻어 주시려고 (　　　　　　)에 못 박혀 돌아가신

   (　　　　　　)의 상징입니다.

4. 예수님을 믿으면 영원한 (　　　　　　)에 갑니다.

## 함께 이야기해요

1. 여러분은 먹을 것 때문에 부모님께 불평해 본 일이 있나요?

2. 안 믿는 친구에게 예수님을 소개하는 편지를 써 보세요.

# 말하는 당나귀

이스라엘 백성은 다시 가나안 땅이 가까운 모압 평원까지 오게 되었습니다. 모압 왕 발락은 이스라엘 백성들이 오는 것을 보고 겁이 났습니다. 자기의 군대가 이스라엘을 도저히 이길 수 없다는 것을 알았기 때문입니다. 그래서 발락은 발람이라는 선지자를 불러서 이스라엘 백성을 저주해 달라고 부탁했습니다. 그러나 그 날 밤, 하나님께서는 발람에게 이스라엘 백성을 저주해서는 안 된다고 말씀하셨습니다.

모압 왕은 발람에게 이스라엘 백성를 저주하면 돈을 많이 주고 높은 지위를 얻게 해 주겠다고 했습니다. 발람은 하나님 말씀보다 돈을 더 사랑했습니다. 그래서 그는 이스라엘 사람들이 자기를 해친 일은 없지만, 돈을 받기 위해 이스라엘 사람들은 저주할 마음이 생겼습니다. 발람은 아침 일찍 일어나 당나귀에 안장을 얹고 길을 떠났습니다.

하나님께서는 이 모습을 보시고 매우 화가 나셨습니다. 길을 가는 도중, 하나님이 보낸 천사가 길을 가로막았습니다. 그런데 나귀에게는 천사가 보였지만, 돈에 대한 생각으로 가득한 발람의 눈에는 천사가 보이질 않았습니다. 나귀가 천사를 보고 피하는 바람에 발람이 발을 다치자, 화가 난 그는 불쌍한 나귀를 사정없이 때렸습니다.

그러나 또 천사가 나타나 길을 막자, 더 이상 갈 수 없어 나귀는 길 한복판에 주저앉고 말았습니다. 더욱 화가 난 발람은 나귀를 계속 때렸습니다. 그러자 놀랍게도 나귀가 말을 하였습니다.

"도대체 왜 저를 때리세요? 저는 지금까지 당신에게 불순종한 적이 없어요." 그 때 하나님께서 발람에게도 천사의 모습을 보여 주셨는데, 천사는 손에 칼을 들고 서 있었습니다. 발람은 땅에 엎드렸습니다.

"잘못했습니다. 저는 곧 되돌아가겠습니다." 그러나 천사는 말하길, "아니다, 너는 발락에게로 가되, 내가 너에게 일러 주는 말만하여라" 하고 명령했습니다.

발람이 도착하자, 발락 왕은 그가 이스라엘 백성을 저주할 것이라고 생각했습니다. 그러나 발람은 이스라엘 백성을 저주하기는커녕 오히려 축복했습니다.

외울 말씀 : "나귀가 여호와의 사자가 칼을 빼어 손에 들고 길에 선 것을 보고"
(민 22 : 23)

1. 모압 왕의 이름은 누구인가요? (                    )

2. 모압 왕은 누구를 불러서 이스라엘 백성을 저주하려 했나요? (                    )

3. 발람 선지자는 하나님이 싫어하시는 데도 왜 발람 왕에게 가려 했나요?

   (                    )

4. 천사는 손에 (                )을 들고 있었습니다.



1. 우리가 어떻게 말하면 친구들이 좋아할 지에 대해 말해 보세요?

2. 지금 옆의 친구와 마주보고 정다운 인사를 나누어 보세요.

# 걸어서 요단 강을 건너간 사람들

이스라엘 백성을 인도하였던 모세가 죽자, 새로운 지도자로 여호수아가 선택되었습니다. 모세 앞에 홍해가 있었던 것처럼, 가나안 땅으로 들어가는 길목엔 요단 강이 흐르고 있었습니다. 많은 짐승 떼와 어린 아이들이 함께 안전하게 건너야 하겠기에 이스라엘 백성은 큰 근심에 빠졌습니다. 여호수아와 모든 백성들은 요단 강둑에서 3일을 머물렀습니다. 여호수아는 백성들에게 다음과 같이 말했습니다.

"모두 준비하십시오. 내일 우리가 강을 건널 때에 하나님께서 기적을 행하실 것입니다. 제사장들이 먼저 법궤를 메고 나가서 발이 강물에 닿게 되면 흐르는 강물이 그치게 될 것이고, 우리는 마른 땅으로 걸어가게 될 것입니다." 이 법궤는 '언약궤' 또는 '증거궤' 라고도 불립니다. 그 속에는 하나님께서 모세에게 일러 주신 십계명이 기록된 두 돌판과, 하나님께서 이스라엘 백성들이 사막을 지나올 때 양식으로 내려 주셨던 만나를 담은 항아리와, 그리고 하나님께서 모세의 형 아론을 제사장으로 삼으실 때 그 표시로 그의 지팡이로 싹이 나게 하셨는데, 그 지팡이도 담겨 있습니다. 다음 날 아침, 제사장들은 법궤를 메고 강으로 향하였고, 모든 백성들은 그들을 따라 나섰습니다. 백성들은 여호수아의 말을 믿었습니다. 결코 강물을 무서워하지 않았습니다. 어린 아이들도 무섭다고 울지 않았습니다. 제사장들이 강으로 들어서자마자 물이 갈라져서 마른 땅같이 되었습니다. 제사장들은 모든 백성이 걸어서 가나안 땅에 들어갈 때까지 그곳에 서서 기다렸습니다. 마침내 모든 백성이 요단 강을 건너고, 법궤를 멘 제사장들이 뒤를 따랐습니다. 그들이 모두 강에서 나왔을 때, 강물은 전처럼 다시 흐르기 시작했습니다. 이렇게 해서 이스라엘 백성들은 오랜 광야생활 끝에 하나님께서 약속하신 가나안 땅에 들어가게 되었습니다. 여호수아는 힘센 남자들이 강바닥에서 메고 나온 돌로 기념비를 세우라고 명령했습니다. 이 기념비는 하나님께서 요단 강을 무사히 건너게 해 주셔서 약속의 땅으로 들어갈 수 있도록 인도해 주신 놀라운 일을 기념하기 위한 것이었습니다.

**외울 말씀 :** "이스라엘 백성은 마른 땅으로 행하여 요단을 건너니라."(수 3:17)

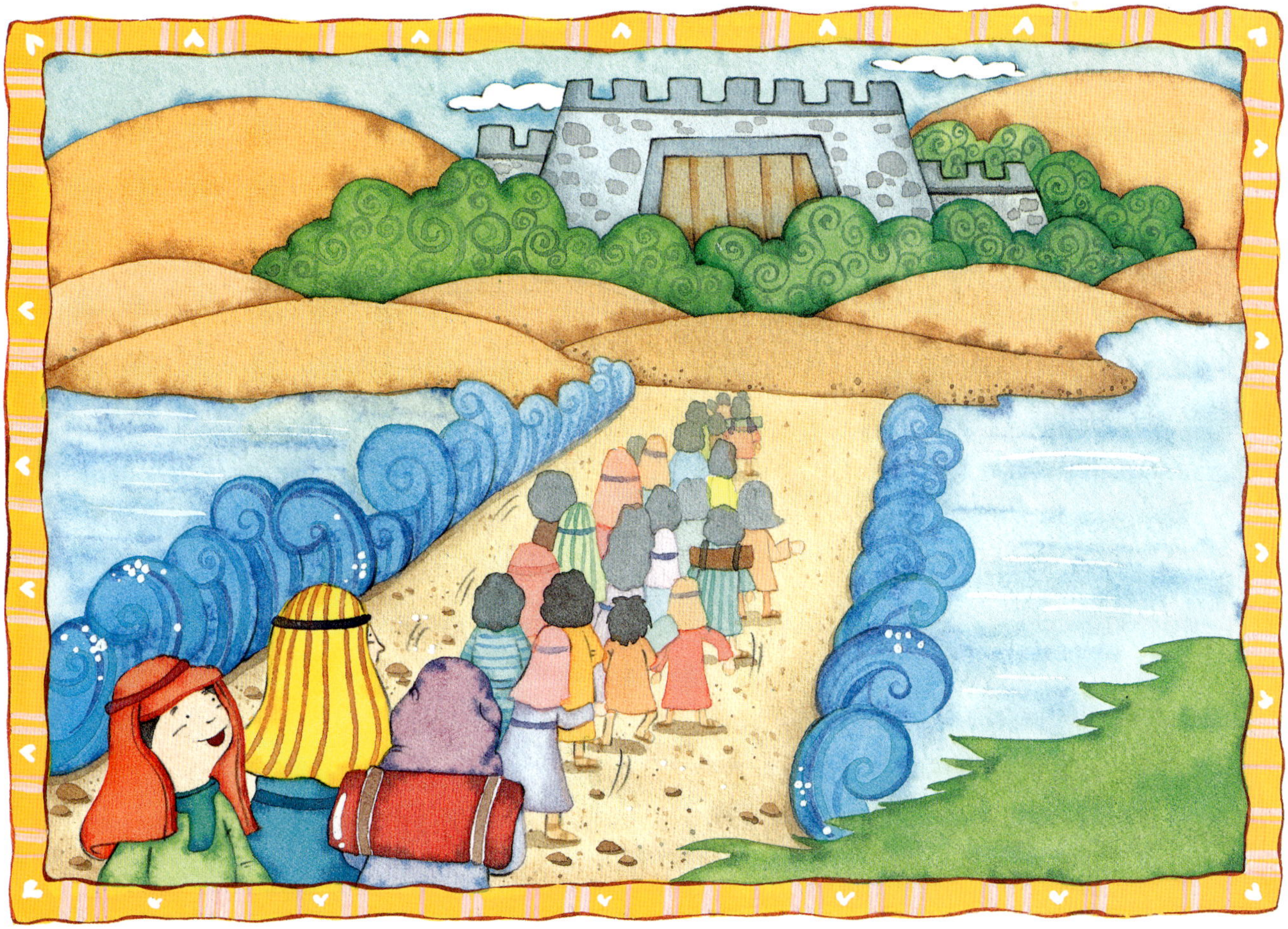

1. 모세가 죽고 누가 이스라엘 지도자가 되었나요? (              )

2. 법궤 속에는 (              )과, (              )와 (              )가 들어 있습니다.

3. 제사장들의 뒤를 따르는 백성들은 (              )의 (              )을 믿었습니다.

4. 여호수아는 남자들이 강바닥에서 들고 나온 돌로 (              )을 세우라고 명령했습
   니다.



1. 여러분이 갈라진 요단 강 사이를 건넌다면, 어떤 생각을 하면서 걸었을까요? 이야기
   해 보세요.

2. 여러분은 지금 하나님께 어떤 도움을 구하고 싶은지 말해 보세요.

19

# 무너지는 여리고 성

이스라엘 백성은 요단 강을 건너 길갈에 진을 치게 되었습니다. 앞에는 여리고 성이 있었는데, 여리고 왕은 이스라엘 사람이 몰려오는 것을 보고 겁에 질려 밤낮으로 성문을 굳게 닫아 잠그라는 명령을 내렸습니다. 성은 튼튼했고 높았습니다. 하나님께서 이스라엘 백성들을 도와주시지 않으시면, 그들은 도저히 여리고 성에 들어갈 수가 없었습니다.

하나님께서는 이스라엘 백성들에게 어떻게 하면 성을 빼앗을 수 있을지 그 방법을 가르쳐 주셨습니다. 하나님은 성 둘레를 6일 동안 매일 한 바퀴씩 돌라고 하셨습니다. 이스라엘 백성들은 하나님의 지시대로 법궤를 가지고 있는 제사장들의 행렬 뒤로 성 주위를 매일 한 바퀴씩 돌았습니다. 이렇게 해서 첫째 날부터 여섯째 날까지는 한 바퀴씩 돌았고, 일곱째 날에는 성 둘레를 일곱 번 돌았습니다. 여리고 사람들은 이상하게 생각했습니다. "아니, 저 사람들이 돌았나? 왜 매일 돌기만 하지?"

그러나 마지막 돌 때에는 하나님의 지시대로 제사장들은 갑자기 크게, 그리고 길게 나팔을 불었고, 여호수아는 뒤에서 소리쳤습니다. "모두들 외쳐라! 하나님께서 이 성을 우리에게 주셨다!" 여호수아의 말이 떨어지자, 손을 들고 모두 큰 소리로 힘껏 외쳤습니다. 바로 이때 하늘이 무너지듯 큰 소리를 내며 여리고 성벽이 무너졌습니다. 여리고 사람들은 너무 놀라 미처 달아날 겨를도 없었습니다.

이스라엘 병사들은 성안으로 뛰어 들어가 여리고 사람들과 가축을 모두 죽여 버렸습니다. 하나님께서 그들은 악한 백성이므로 모두 죽이라고 명령하셨기 때문입니다.

크고 튼튼한 여리고 성은 대포로 쏘아 무너진 것이 아닙니다. 여호수아 장수가 앞장서서 큰칼로 무찌른 것도 아닙니다. 견고한 여리고 성은 오직 하나님께서 명령하신 방법을 따라 했을 때에 무너졌습니다. 이스라엘 백성의 승리는 하나님의 힘으로, 하나님이 하신 것입니다. 이스라엘 백성들은 이렇게 하여 하나님께서 약속하신 가나안 땅으로 들어갈 수 있었습니다.

**외울 말씀 :** "여호와께서 너희에게 이 성을 주셨느니라."(수 6:16)

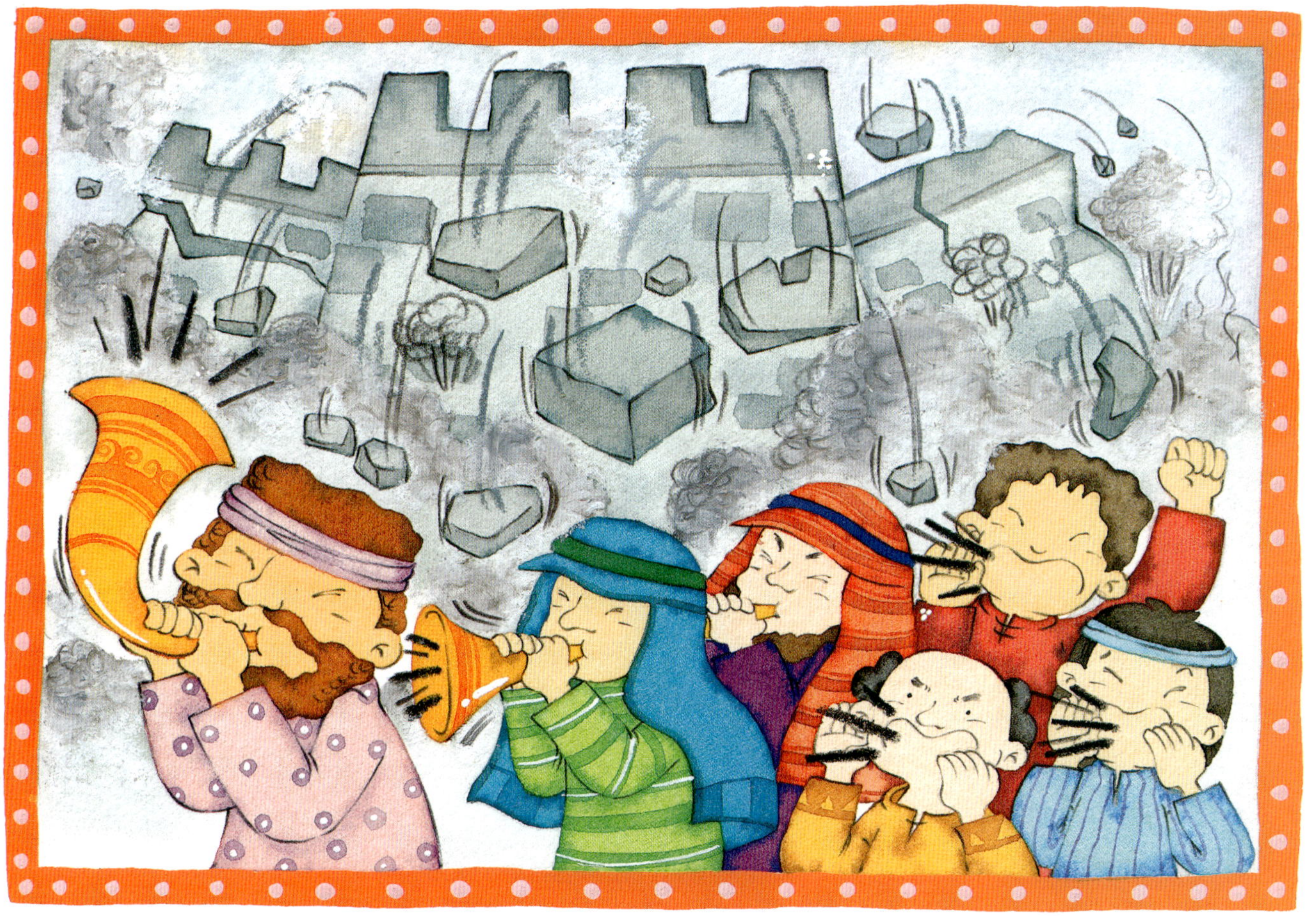

1. 여리고 성을 무너뜨리기 위해서 6일 동안은 성을 몇 번씩 돌았나요? (　　　　　)

2. 일곱째 날에는 몇 번 돌았나요? (　　　　　)

3. 이스라엘 백성들은 (　　　　　)이 지시하신 대로 해서 (　　　　　)을 무너뜨렸습니다.



1. 우리가 어떤 방법으로 하나님 나라에 갈 수 있는 지에 대해 말해 보세요.

2. 이스라엘 사람들은 여호수아를 대장으로 삼아 가나안 땅으로 들어갔어요. 우리는 누구를 대장 삼아 하늘나라 갈까요?

# 기드온과 용사들

미디안의 많은 군사들이 이스라엘 백성들의 맞은편 골짜기에 도착하여 진을 쳤습니다. 그들은 낙타를 타고 사막에서 살아온 유목인들로 싸움에 매우 강했습니다.

그때에 이스라엘의 지도자는 기드온이었습니다. 기드온은 나팔을 불어 미디안과 싸울 이스라엘 사람들을 모집했습니다. 그러자 3만 2천명의 병사가 모여왔습니다.

기드온은 수많은 병사들을 데리고 하롯 샘 곁에 진을 쳤습니다.

하나님께서 기드온에게 말씀하셨습니다.

"기드온아, 너의 군대가 너무 많다. 많은 군사로 미디안 군대를 이기게 되면, 너희들이 스스로 뽐내어 말하기를, '우리가 적들을 물리쳐 이겼다' 하게 될 것이다. 그러니 너는 병사들에게 두려운 자는 집으로 돌아가라고 말하거라." 기드온은 깜짝 놀랐습니다. 얼마 되지도 않은 군사를 모았는데, 그나마 집으로 돌려보내면 어떻게 저 막강한 미디안 군대와 맞서 싸울 수 있겠습니까?

그는 걱정스러웠지만, 하나님께서 시키시는 대로했습니다. 2만 2천명의 병사가 집으로 돌아가고, 남은 병사는 겨우 1만 명뿐이었습니다. 그러자 하나님께서는 다시 기드온에게 말씀하셨습니다.

"기드온아, 아직도 많구나. 모두 물가로 데리고 가거라. 손으로 떠서 먹는 자들을 한 편에 세우고, 무릎을 꿇고 물을 마구 들이키는 자들을 다른 편에 세워라."

손으로 물을 떠서 혀로 물을 핥아먹은 사람은 300명에 불과했습니다. 그런데 하나님께서는 이 300명으로 미디안 사람을 이길 수 있다고 기드온에게 약속하셨습니다.

기드온은 하나님의 말씀대로 미디안 군사들이 잠을 자고 있을 때, 3백 명의 군사를 이끌고 쳐들어갔습니다. 그리고 하나님께서 지시하신 방법대로 했습니다. 깊은 잠에 빠져 있던 미디안 군사는 이스라엘 군대의 나팔소리와 고함소리, 그리고 타오르는 횃불들을 보고는 밤사이 수많은 군대가 쳐들어 왔다고 생각했습니다. 잠이 덜 깬 그들은 당황하여 자기들끼리 서로 싸우고 죽였습니다. 하나님께서는 기드온과 그의 용사들이 크게 승리하게 해 주셨습니다.

외울 말씀 : "여호와께서 그 온 적군으로 동무끼리 칼날로 치게 하시므로"(삿 7:22)

**함께 공부해요**

1. 맞는 것에 ○표 하세요.

　(1) 기드온은 겁이 많은 군사는 집으로 돌려보냈어요. (　　　　　)

　(2) 기드온은 얼굴을 물에 대고 마시는 군사는 돌려보냈어요. (　　　　　)

　(3) 손으로 물을 떠서 마신 300명의 군사로 미디안 군대를 이길 수 있었어요.
　　　(　　　　　)

2. 하나님께서 왜 300명만 뽑으시고 나머지는 집으로 돌아가도록 하셨나요?

**함께 이야기해요**

1. 전쟁에서 이기게 하시는 분은 누구인지 말해 보세요.

2. 우리 교회 형님, 오빠 중에 군대에 간 분들을 위해서 편지를 써 보세요.

# 힘센 삼손

**힘**이 센 삼손은 자기 나라 백성을 괴롭히는 블레셋 사람들을 자주 무찔렀습니다. 그런데 이 삼손이 들릴라라고 하는 블레셋 여인을 사랑하게 되었습니다. 블레셋 사람들은 들릴라에게 삼손을 체포하는 일을 도와주면 은 천 백 개를 주겠다고 약속했습니다.

어느 날, 들릴라는 자기에게 찾아온 삼손에게 어디서 그런 강한 힘이 나오는지 가르쳐 달라고 졸랐습니다. 그러나 삼손은 여러 번 거짓말을 하며 가르쳐 주지 않았습니다.

그렇지만 들릴라는, "나를 이렇게 놀리고 거짓말을 하면서 어떻게 나를 사랑한다고 말할 수 있어요?" 하면서 계속 귀찮게 졸라 대었습니다. 마침내 삼손은 들릴라의 성화에 못 이겨 사실을 말해 주었습니다.

"나는 아직까지 머리를 한 번도 깎은 일이 없소. 태어날 때부터 하나님을 위해 특별히 구별되었기 때문이오. 이 머리카락을 자르면 하나님께 주신 강한 힘이 사라질 것이오."

들릴라는 삼손이 잠든 사이에 블레셋 사람들을 불러 가위로 그의 머리를 자르고, "블레셋 사람이 잡으러 왔어요!"라고 소리를 쳤습니다. 잠에서 깨어난 삼손은 전혀 힘을 쓸 수가 없었습니다. 그래서 그는 싸우지도 못하고 블레셋 사람에게 잡히고 말았습니다. 블레셋 사람들은 삼손을 쇠줄로 묶고, 그의 눈을 빼고 감옥에 넣어 맷돌 돌리는 일을 시켰습니다. 블레셋 사람들은 그들의 신 다곤이 자기들의 원수 삼손을 붙잡게 해 주었다고 하면서, 다곤 신에게 제사를 드리기 위해서 수많은 사람들이 신전에 모였습니다.

삼손은 다곤 신전에 끌려갔습니다. 자기를 이끄는 소년에게 삼손은 말했습니다.

"나를 이 집을 버티고 있는 기둥 사이로 안내해 다오."

삼손은 두 기둥 사이에 서자, 마지막으로 하나님께 기도를 드렸습니다. "오, 하나님! 도와주십시오. 저에게 한 번 더 힘을 주셔서 나의 원수들을 한 번에 죽이게 해 주십시오."

기도를 마친 삼손은 있는 힘을 다해 두 기둥을 양손으로 밀었습니다. 그러자 다곤 신전이 무너져서 3천 명 가량의 블레셋 사람이 죽었고, 삼손도 죽었습니다.

**외울 말씀 :** "삼손이 죽을 때에 죽인 자가 살았을 때에 죽인자보다 더욱 많았더라"(삿 16:30)

## 함께 공부해요

1. 삼손이 사랑한 블레셋 여자의 이름은 무엇인가요? (          )

2. 삼손의 힘은 어디서 나왔나요? (          )

3. 눈이 뽑힌 삼손은 (          ) 신전에 끌려갔어요.

4. 삼손이 두 기둥 사이에서 한 기도의 내용은 무엇입니까?


## 함께 이야기해요

1. 여러분은 삼손처럼 힘이 세다면 어떤 일을 하겠어요?

2. 여자의 꼬임에 빠진 삼손은 어떻게 되었나요?

3. 힘이 센 삼손의 얼굴을 그림으로 그려보세요.

# 왕으로 선택된 다윗

사무엘 선지는 사울 왕이 하나님 앞에 오만하고 불순종하는 왕이 되어 몹시 슬펐습니다. 어느 날, 하나님께서 이새의 아들 중에서 새로 왕이 될 사람을 선택해 놓으셨다고 사무엘에게 말씀하셨습니다.

사무엘이 베들레헴에 가서 하나님께 제사를 드리려 하자, 그곳은 대단히 떠들썩해졌습니다. 이새와 그의 가족을 포함하여 모든 사람들이 초대되었습니다.

이새가 자기 아들들을 자랑스럽게 소개할 때, 사무엘은 장남 엘리압을 유심히 살펴보았습니다. 그는 키가 크고 잘 생겼습니다. '이 사람이야말로 하나님께서 선택하신 자로구나' 하고 사무엘은 생각했습니다. 하지만 하나님께서는 "아니다. 너는 사람을 외모로 판단하지만, 나는 사람의 마음을 본다"고 하셨습니다.

이새의 잘 생기고 건강한 아들 일곱 명이 나이 순서대로 사무엘 앞에 나왔습니다. 그러나 하나님께서는 그들 모두가 왕으로 합당하지 않다고 사무엘에게 말씀하셨습니다. 사무엘은 이새에게 아들이 더 없느냐고 물었습니다. 그러자 이새가 대답했습니다.

"아닙니다. 들에서 양을 치는 막내아들이 아직 남아 있습니다." 다윗은 양 떼를 치는 목동이어서, 날마다 아침이면 양 떼를 몰고 들에 나가서 온종일 양떼와 함께 지냈습니다.

그는 형들이 왕으로 뽑히기 위해 잘 꾸미고 준비하는 동안에도, 평소와 같이 맡은 일에만 열심이었습니다.

"그러면 그 아들을 어서 빨리 데려오시오."하고 사무엘이 아버지 이새에게 재촉했습니다. 그래서 다윗은 집으로 불려오게 되었습니다. 아버지 이새가 다윗을 데리고 방으로 들어갔습니다. 그의 눈은 총명했고, 얼굴은 아름다웠습니다. 이 때 하나님께서 사무엘에게 말씀하셨습니다.

"일어서거라 사무엘아, 이 젊은이가 왕이 될 사람이다."

이 말씀을 들은 사무엘은 가지고 간 향유를 다윗의 머리에 부었습니다. 목동 다윗은 하나님의 뜻에 따라 왕으로 선택된 것입니다.

그 후 다윗 왕은 하나님을 가장 사랑하고 공경하는 왕이 되었습니다.

**외울 말씀 :** "사람은 외모를 보거니와 나 여호와는 중심을 보느니라."(삼상 16 : 7)

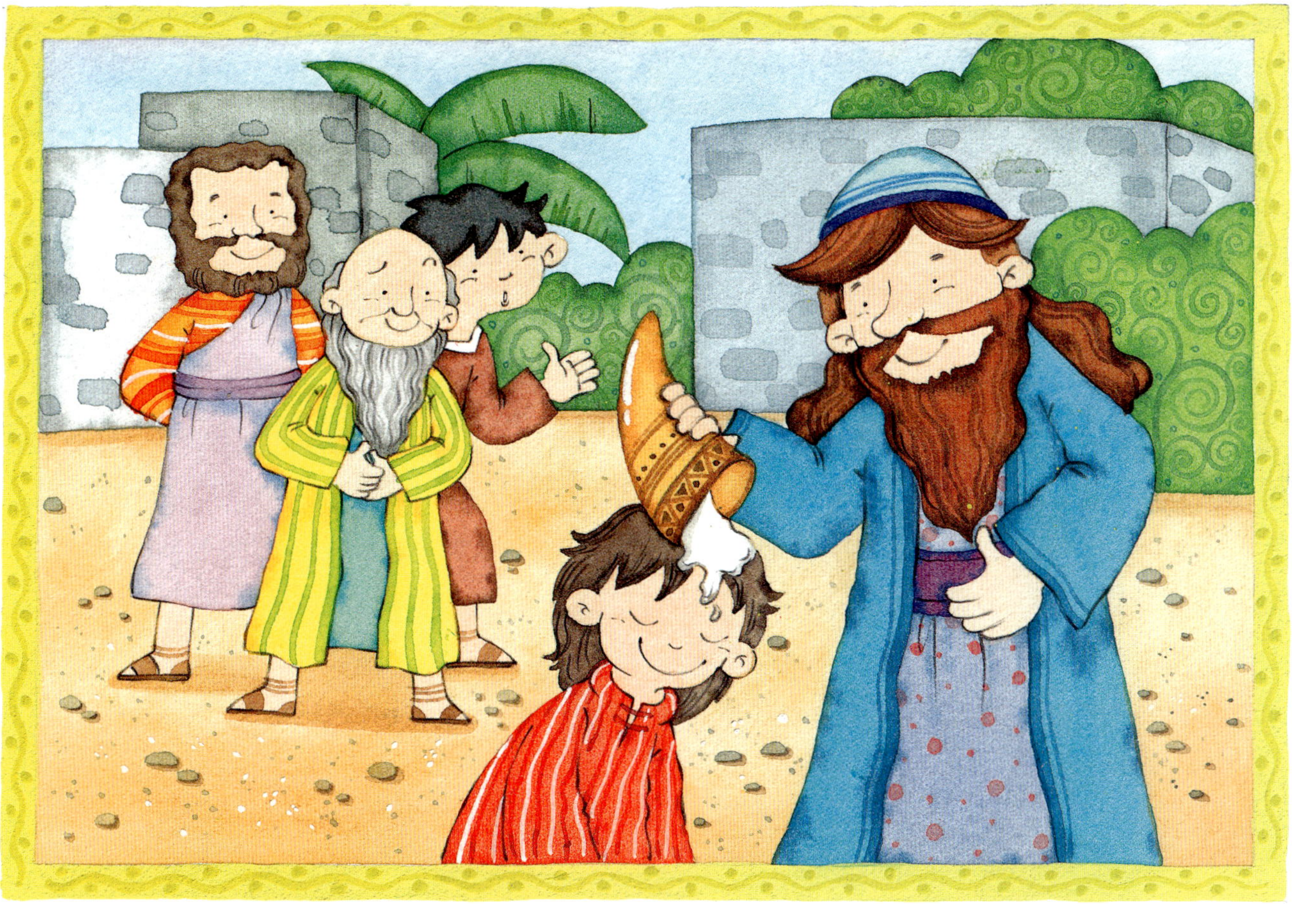

1. 하나님은 (　　　　　　)를 보지 않으시고 사람의 (　　　　　　)을 보십니다.

2. 다윗은 (　　　　　　)이었어요. 그는 들에서 (　　　　　　)를 돌보았습니다.

3. 다윗은 사무엘 선지자가 자기 집에서 형제들 중에 (　　　　　　)을 선택하는 일에 관심이 (　　　　　　)어요. 그는 평소와 같이 자기가 맡은 일에만 관심이 (　　　　　　)어요.

4. 사무엘 선지는 다윗의 (　　　　　　)에 (　　　　　　)를 부어서 그가 (　　　　　　)으로 선택된 것을 알렸습니다.

1. 우리 주위에서 어떤 일을 하는 사람이 가장 고마운지 서로 말해 보세요.

2. 어린이 여러분은 장차 무슨 일을 하는 사람이 되고 싶은가요?

# 다윗과 골리앗

블레셋 사람들이 이스라엘을 쳐들어 왔습니다. 그래서 이스라엘 군사들과 블레셋 군사들은 골짜기를 사이에 두고 진을 치고 있었는데, 이스라엘 군대는 잔뜩 겁을 먹고 있었습니다. 왜냐하면, 블레셋에는 아주 어마어마한 거인 골리앗 장군이 있었기 때문입니다. 골리앗은 아주 무거운 갑옷을 입고, 구리로 만든 투구를 쓰고, 구리로 만든 큰 창과 방패도 가지고 있었습니다.

골리앗은 이스라엘 사람들에게 소리쳤습니다. "너희 이스라엘 군대 가운데 감히 나와 맞서 싸울 용기 있는 사나이는 나와 봐라. 만일 그가 이기면 우리는 너희의 종이 될 것이다. 그러나 만일 내가 이기면 너희가 우리의 종이 되어야 한다!" 그리고는 껄껄대고 조롱했습니다. 이스라엘 군대는 벌벌 떨고 있었습니다.

이 때 이새의 세 아들도 전쟁터에 나가 있었는데, 어느 날 다윗은 아버지의 심부름으로 형들을 위해 음식을 가지고 전쟁터로 가게 되었습니다. 그 곳에 간 다윗은 골리앗이 소리치는 것을 듣고 화가 났습니다.

"아니, 감히 살아 계신 하나님을 모욕하는 저 블레셋 사람을 처치할 사람이 없단 말입니까?" 다윗의 이 말을 옆에서 들은 군인이 사울 왕에게 다윗에 관해 말했습니다.

그래서 다윗은 사울 왕에게 가서 담대하게 말했습니다. "제가 저 골리앗과 싸우겠습니다." 왕은 자신 있게 말하는 다윗에게 골리앗과 싸울 것을 허락했습니다. 사울 왕은 다윗에게 자기의 갑옷을 입혀 주었지만, 옷이 너무 커서 그것을 입고서는 도저히 싸울 수가 없었습니다. 대신 다윗은 반질반질한 돌멩이 다섯 개를 주워 주머니에 넣었습니다. 그리고 양치는 막대기와 물매를 가지고 골리앗 앞으로 나아가 말했습니다.

"너는 창과 칼을 가지고 내게 오지만, 나는 하나님의 이름으로 너와 싸운다!" 다윗은 골리앗을 향해 달려가 돌을 물매에 넣어 던졌습니다. 돌은 무섭게 날아가 골리앗의 앞이마에 맞았고, 골리앗은 그대로 땅바닥에 쓰러졌습니다. 다윗은 달려가 골리앗의 칼을 뽑아 그를 죽였습니다. 이를 본 블레셋 사람들은 도망가고 이스라엘은 대 승리를 거두었습니다.

**외울 말씀 :** "이스라엘 군대의 하나님의 이름으로 네게 가노라."(삼상 17:45)

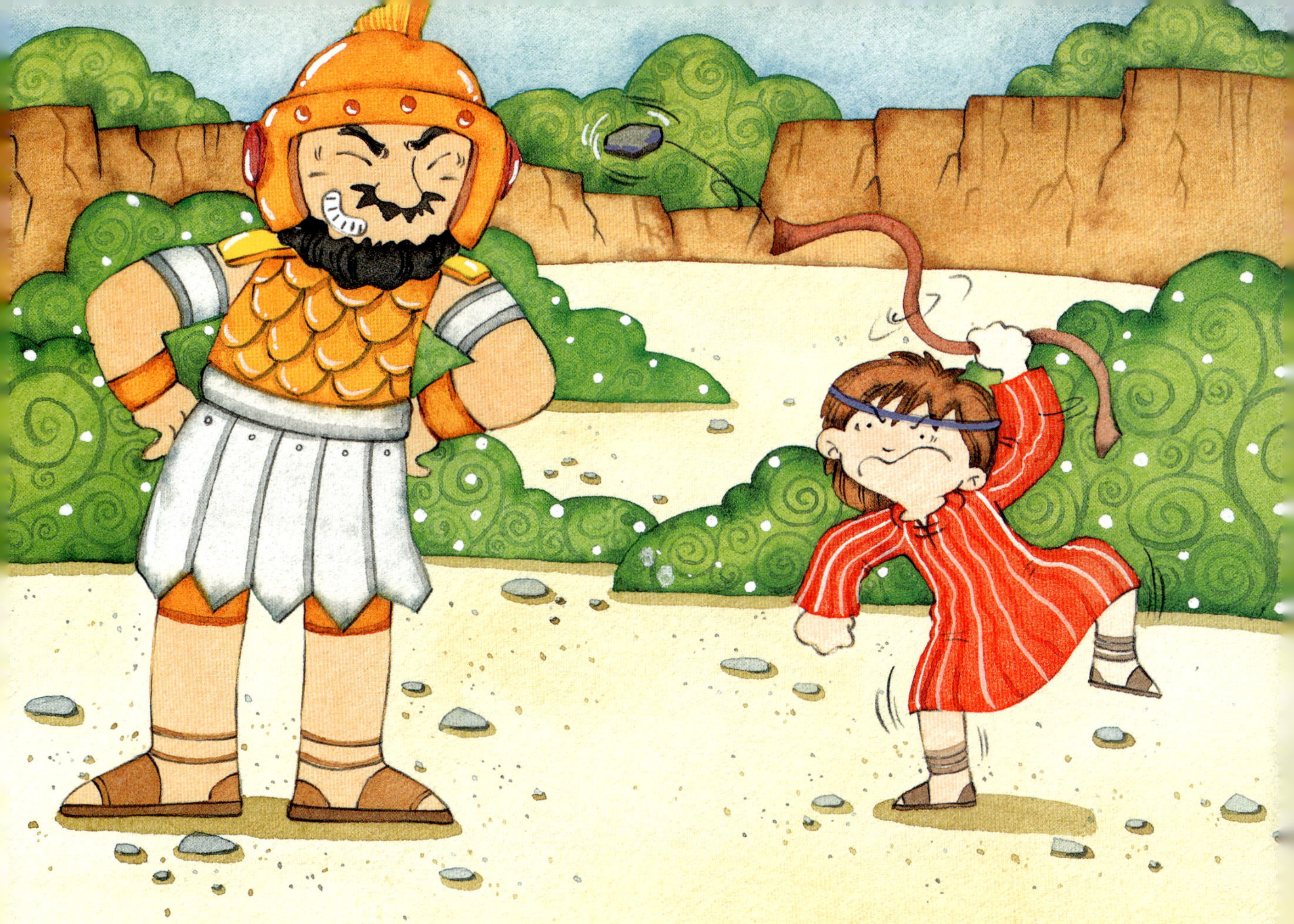

## 함께 공부해요

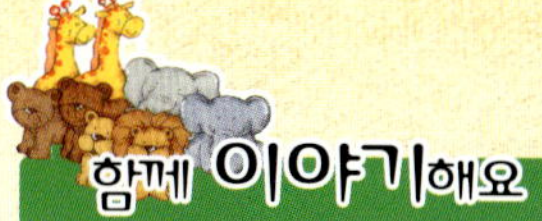

1. 이스라엘 군대는 누구 때문에 벌벌 떨었나요? (                    )

2. 다윗이 전쟁터에 왜 가게 되었나요? (                    )

3. 다윗이 한 말에 ○표 하세요.

   (1) "제가 골리앗과 싸우겠습니다." (                    )
   (2) "나는 하나님의 이름으로 너와 싸운다." (                    )

## 함께 이야기해요

1. 다윗이 왜 골리앗과 싸울 마음이 생겼는지에 대해 말해 보세요.

2. 골리앗과 다윗이 싸울 때 두 사람이 각자 의지한 것은 무엇이었나요?

# 지혜로운 왕 솔로몬

다윗 왕이 죽고, 솔로몬이 이어 왕이 되었습니다. 젊은 나이에 왕이 된 솔로몬은 하나님 앞에 정성껏 예배를 드렸습니다.

어느 날, 하나님께서는 솔로몬에게 나타나셔서, 너는 나에게 무엇을 원하느냐고 물어보셨습니다. 솔로몬은 지혜로운 마음을 달라고 했습니다. 그는 부자가 되기를 원하지도, 오래 살기를 원하지도 않았습니다. 그는 다만 백성을 잘 다스릴 수 있기를 위해 지혜가 필요했던 것입니다.

하나님께서는 기뻐하시며 큰 지혜를 솔로몬에게 주셨습니다. 하루는 두 여자가 솔로몬 왕에게 찾아와 말했습니다.

"왕이여, 저는 이 여자와 한 집에 살고 있는데, 얼마 전에 아기를 낳았습니다. 그런데 제가 아기를 낳은 지 사흘 만에 이 여자도 아기를 낳았습니다. 어느 날 이 여자가 잠을 자다가 아기가 짓눌려 죽자, 제가 잠을 자고 있는 사이에 저의 아기를 빼앗아 가고 대신 죽은 아기를 제 품에 갖다 놓았습니다."

그러자 또 한 여자는 "왕이여, 이 여자는 거짓말을 하고 있습니다. 살아있는 아기가 저의 아기이고, 죽은 아기는 저 여자의 아기입니다"하고 주장했습니다. 이 광경을 지켜보고 있던 솔로몬 왕은 두 여인을 조용히 시킨 후 물었습니다. "너희들 둘이 다 이 살아있는 아기를 갖기 원하느냐?" 그들은 "예"하고 같이 소리쳤습니다. 솔로몬 왕은 옆에 있는 신하에게 말했습니다.

"칼을 가져오너라. 그리고 그 아기를 정확히 둘로 잘라 한 쪽씩 나누어주어라."

그러자, 아기의 진짜 엄마가 울면서 말했습니다. "아기를 죽이지 마세요. 차라리 아기를 저 여자에게 주십시오."

그러자, 솔로몬 왕은 명령했습니다.

"살아있는 아기를 저 여자에게 주어라. 저 여자야말로 아기의 진짜 어머니다."

그리하여 아기는 낳아준 어머니 품에 안길 수 있게 되었습니다. 둘러 선 신하는 물론 많은 백성들이 왕의 지혜에 감탄하였습니다. 하나님께서 솔로몬에게 지혜를 주신 것입니다. 그리고 그가 구하지 않은 많은 보물과 오래 사는 복도 허락하셨습니다.

**외울 말씀 :** "하나님의 지혜가 저의 속에 있어 판결함을 봄이더라."(왕상 3:28)

1. 다윗 왕을 이어 누가 왕이 되었나요? (　　　　　　)

2. 솔로몬 왕은 하나님께 (　　　　　　)를 구했습니다.

3. 진짜 어머니는 누구일까요? ○표 하세요.

   (1) "제발 아이를 죽이지는 말아 주십시오." (　　　　　)
   (2) "아이를 반으로 나누어 가집시다." (　　　　　)



1. 하나님께서 여러분이 원하는 것을 다 주신다면, 무엇을 구하겠습니까?

2. 여러분이 대통령이라면, 하나님께 먼저 무엇을 구하겠습니까?